Il vero Papa
è ancora
Benedetto XVI

CARLO MARIA PACE

IL VERO PAPA È ANCORA BENEDETTO XVI

Youcanprint *Self-Publishing*

Titolo | Il vero Papa è ancora Benedetto XVI
Autore | Carlo Maria Pace

Immagine di copertina a cura dell'autore

ISBN | 978-88-92646-69-8

Youcanprint Self-Publishing
Via Roma, 73 - 73039 Tricase (LE) - Italy
www.youcanprint.it
info@youcanprint.it
Facebook: facebook.com/youcanprint.it
Twitter: twitter.com/youcanprintit

«Pregate per me, perché io non fugga, per paura,

davanti ai lupi»

(Papa Benedetto XVI, *Omelia della Santa Messa

per l'inizio del ministero petrino del Vescovo di

Roma,* 24 aprile 2005)

INTRODUZIONE

Ovviamente è fondamentale per tutti i cattolici sapere chi è il vero Papa.

Ora, da quasi quattro anni quasi tutti i cattolici considerano come Papa una persona (il Cardinale Jorge Mario Bergoglio) che mai è stata Papa, e come ex Papa (detto impropriamente Papa emerito) chi (Benedetto XVI) è ancora Papa a tutti gli effetti.

Di conseguenza mi vedo costretto a scendere in campo pubblicamente per smascherare questo grande inganno, anche perché il falso Papa (cioè il Cardinale Jorge Mario Bergoglio) sta addirittura sostenendo con forza la validità di tutte le eresie contemporaneamente, non solo delle eresie sostenute da qualcuno nella storia ma anche di tutte le eresie possibili, e tale falso Papa viene seguito da molti solo perché pensano che sia lui il vero Papa.

Quindi, in questa trattazione mostrerò chiaramente che il vero Papa è ancora Benedetto XVI. In particolare, vedremo che Benedetto XVI mai si è effettivamente dimesso dal Papato, per cui evidentemente è ancora il vero Papa e ovviamente è l'unico Papa effettivo. Di conseguenza il cosiddetto Papa Francesco è solo un falso Papa e quindi è solo un Cardinale che si atteggia a Papa senza esserlo.

Inoltre, ovviamente, il Cardinale Jorge Mario Bergoglio non essendo il vero Papa non gode dell'infallibilità papale. D'altra parte, mostrerò che tale Cardinale, nel periodo successivo alla sua falsa ascesa al Papato, ha sostenuto la validità di diverse gravissime eresie, anzi di tutte le eresie possibili, e punta di fatto a far apostatare tutti i cattolici. In particolare, farò vedere che il Cardinale J. M. Bergoglio è da considerarsi eretico, scomunicato e sacrilego.

Vedremo, inoltre, che questo dato di fatto era previsto dalle profezie della Beata A. K. Emmerich e dal testo (profetico) del vero Terzo Segreto di Fatima. In particolare, mostrerò che da queste profezie si può inferire che il cosiddetto Papa Francesco non è un vero Papa e sta invece spingendo tutti i cattolici verso l'apostasia, mentre invece Benedetto XVI è ancora il vero Papa a tutti gli effetti.

Inoltre, vedremo che la parte non ancora adempiuta di tali profezie si può evitare solo con una grande conversione da parte dell'umanità, la quale conversione, purtroppo, non appare minimamente neppure all'orizzonte.

CAPITOLO I
BENEDETTO XVI HA SOLO DICHIARATO LA SUA VOLONTÀ DI DIMETTERSI, MA NON SI È DIMESSO, PER CUI È ANCORA PAPA A TUTTI GLI EFFETTI

1 La Dichiarazione dell'11/02/2013

Cominciamo, quindi, con l'analizzare la famosa Dichiarazione letta da Benedetto XVI l'11/02/2013. Il testo di tale Dichiarazione è il seguente:

Carissimi Fratelli,
Vi ho convocati a questo Concistoro non solo per le tre canonizzazioni, ma anche per comunicarvi una decisione di grande importanza per la vita della Chiesa. Dopo aver ripetutamente esaminato la mia coscienza davanti a Dio, sono pervenuto alla certezza che le mie forze, per l'età avanzata, non sono più adatte per esercitare in modo adeguato il ministero petrino. Sono ben consapevole che questo ministero, per la sua essenza spirituale, deve essere compiuto non solo con le opere e con le parole, ma non meno soffrendo e pregando. Tuttavia, nel mondo di oggi, soggetto a rapidi mutamenti e agitato da questioni di grande rilevanza per la vita della fede, per governare la barca di San Pietro e annunciare il Vangelo, è necessario anche il vigore sia del corpo, sia dell'animo, vigore che, negli ultimi mesi, in me è diminuito in modo tale da dover riconoscere la mia incapacità di amministrare bene il ministero a me affidato. Per questo, ben consapevole della gravità di questo atto, con piena libertà, dichiaro di rinunciare al ministero di

9

Vescovo di Roma, Successore di San Pietro, a me affidato per mano dei Cardinali il 19 aprile 2005, in modo che, dal 28 febbraio 2013, alle ore 20:00, la sede di Roma, la sede di San Pietro, sarà vacante e dovrà essere convocato, da coloro a cui compete, il Conclave per l'elezione del nuovo Sommo Pontefice. Carissimi Fratelli, vi ringrazio di vero cuore per tutto l'amore e il lavoro con cui avete portato con me il peso del mio ministero, e chiedo perdono per tutti i miei difetti. Ora, affidiamo la Santa Chiesa alla cura del suo Sommo Pastore, Nostro Signore Gesù Cristo, e imploriamo la sua santa Madre Maria, affinché assista con la sua bontà materna i Padri Cardinali nell'eleggere il nuovo Sommo Pontefice. Per quanto mi riguarda, anche in futuro, vorrò servire di tutto cuore, con una vita dedicata alla preghiera, la Santa Chiesa di Dio.
Dal Vaticano, 10 febbraio 2013
BENEDICTUS PP. XVI[1]

---

[1] BENEDETTO XVI, *Declaratio (11/02/2013)*: «*Fratres carissimi*
Non solum propter tres canonizationes ad hoc Consistorium vos convocavi, sed etiam ut vobis decisionem magni momenti pro Ecclesiae vita communicem. Conscientia mea iterum atque iterum coram Deo explorata ad cognitionem certam perveni vires meas ingravescente aetate non iam aptas esse ad munus Petrinum aeque administrandum. Bene conscius sum hoc munus secundum suam essentiam spiritualem non solum agendo et loquendo exsequi debere, sed non minus patiendo et orando. Attamen in mundo nostri temporis rapidis mutationibus subiecto et quaestionibus magni ponderis pro vita fidei perturbato ad navem Sancti Petri gubernandam et ad annuntiandum Evangelium etiam vigor quidam corporis et animae necessarius est, qui ultimis mensibus in me modo tali minuitur, ut incapacitatem meam ad ministerium mihi commissum bene administrandum agnoscere debeam. Quapropter bene conscius ponderis huius actus plena libertate declaro me ministerio Episcopi Romae, Successoris Sancti Petri, mihi per manus Cardinalium die 19 aprilis MMV commissum renuntiare ita ut a die 28 februarii MMXIII, hora 20, sedes Romae, sedes Sancti Petri vacet et Conclave ad eligendum novum Summum Pontificem ab his quibus competit convocandum esse. Fratres carissimi, ex toto corde gratias ago vobis pro omni amore et labore, quo mecum pondus ministerii mei portastis et veniam peto pro omnibus defectibus meis. Nunc autem Sanctam Dei Ecclesiam curae Summi eius Pastoris, Domini nostri Iesu Christi confidimus sanctamque eius Matrem Mariam imploramus, ut patribus Cardinalibus in eligendo novo Summo Pontifice materna sua bonitate assistat. Quod ad me attinet etiam in futuro vita orationi dedicata Sanctae Ecclesiae Dei toto ex corde servire velim.
Ex Aedibus Vaticanis, die 10 mensis februarii MMXIII

Come si può notare dal testo stesso di tale Dichiarazione, dopo aver letto tale Dichiarazione Benedetto XVI continuava ad essere Papa a tutti gli effetti, infatti in tale testo si afferma esplicitamente che Benedetto XVI sarebbe rimasto Papa fino alle 20:00 del 28 febbraio 2013. In altre parole, in tale Dichiarazione si afferma che Benedetto XVI sarebbe rimasto Papa a tutti gli effetti per più di 17 giorni dal momento della lettura del testo di tale Dichiarazione (da parte di Benedetto XVI).

Pertanto, si poteva capire fin da subito (come ho fatto io) che, in realtà, Papa Benedetto XVI l'11/02/2013 non si era dimesso ma aveva semplicemente dichiarato l'intenzione di dimettersi alle 20:00 del 28/02/2013. Infatti, come praticamente tutti sapevano (e riconoscevano pubblicamente), Papa Benedetto XVI dopo aver letto tale Dichiarazione era ancora Papa a tutti gli effetti; in particolare, praticamente tutti sapevano (e riconoscevano pubblicamente) che Benedetto XVI poteva ancora ripensarci prima delle 20:00 del 28/02/2013 e rimanere Papa anche dopo le 20:00 del 28/02/2013, il che significa che le sue dimissioni sarebbero diventate effettive solo con un suo atto di dare le dimissioni effettuato a tale data e ora. In altre parole, la Dichiarazione letta da Benedetto XVI l'11/02/2013 sulle sue dimissioni non può essere interpretata che come un mero annuncio da parte sua di avere l'intenzione di dimettersi alle 20:00 del 28/02/2013.

Consideravo, inoltre, nel periodo precedente alle 20:00 del 28/02/2013 che Papa Benedetto XVI avrebbe dovuto ripensarci e rimanere Papa, senza dimettersi alle 20:00 del 28/02/2013.

D'altra parte ero anche sorpreso dal fatto che praticamente nessuno pensava che se il Papa voleva dimettersi alle 20:00 del 28/02/2013 avrebbe dovuto fare un atto di rinuncia al Papato in tale data e ora, non bastando un suo semplice annuncio precedente di desiderare di dimettersi in tale data e ora. Infatti, se era Papa a tutti gli effetti prima di tale data e ora (e questo praticamente nessuno ha osato metterlo in dubbio), e in tale data e ora non faceva alcunché, sarebbe evidentemente rimasto Papa con pieni poteri anche dopo tale data e ora (come tutti i Papi che non fanno una rinuncia effettiva rimangono sempre Papi fino alla morte)! Purtroppo in quel periodo non ho potuto dire queste mie osservazioni che a poche persone, che erano troppo poco importanti perché tali mie osservazioni diventassero veramente pubbliche in modo da essere considerate dai vertici della Chiesa Cattolica. Inoltre, pensavo che un tale accecamento sarebbe finito da un momento all'altro, tanto mi sembrava assurdo che nessuno ai vertici della Chiesa Cattolica si accorgesse del fatto che Papa Benedetto XVI non si era dimesso ma aveva semplicemente annunciato l'intenzione di dimettersi e intendeva andarsene come se si fosse dimesso senza dimettersi effettivamente.

2 Benedetto XVI non si è dimesso alle 20:00 del 28/02/2013, per cui è rimasto Papa a tutti gli effetti

Come sappiamo, Papa Benedetto XVI, Papa a tutti gli effetti prima delle 20:00 del 28/02/2013, non si è dimesso in alcun modo a tale data e ora, per cui evidentemente è rimasto Papa a tutti gli effetti anche dopo tale data e ora. Inoltre, dalle sue stesse dichiarazioni sappiamo che non si è dimesso in alcun modo dopo tale data e ora, pensando erroneamente di averlo già fatto in modo automatico a tale data e ora (stando alle sue stesse dichiarazioni) e quindi di non potersi dimettere dopo tale data e ora[2].

In conclusione, Papa Benedetto XVI è ancora il Papa a tutti gli effetti, e Jorge Mario Bergoglio non è che un semplice Cardinale e non è Papa in alcun modo per cui è sbagliato

---

[2] Cfr. BENEDETTO XVI, *Ultime conversazioni* pp. 21-49.217-226.

chiamarlo Papa Francesco I o Papa Francesco. Inoltre, tutti gli atti del Cardinale J. M. Bergoglio dall'elezione evidentemente nulla del 13/03/2013 fatti in quanto presunto Papa sono da considerarsi nulli in quanto fatti in realtà da un semplice Cardinale. D'altra parte il fatto che Papa Benedetto XVI sembra approvare gli atti fatti dal Cardinale J. M. Bergoglio in quanto presunto Papa non significa in alcun modo che tali atti possano considerarsi validi, in quanto Papa Benedetto XVI li ha approvati solo in quanto considera erroneamente il Cardinale J. M. Bergoglio come vero Papa e sé stesso come semplice ex Papa (ovvero come Papa emerito), e mai in quanto considera sé stesso Papa a tutti gli effetti.

Quindi risulta chiaramente urgente far sì che tutti i cattolici (e possibilmente anche tutti gli esseri umani nel mondo intero) riconoscano il più presto possibile che il vero Papa è ancora Benedetto XVI e che il Cardinale Jorge Mario Bergoglio mai è stato Papa in alcun modo.

3 Le dichiarazioni rese da Papa Benedetto XVI poche ore prima delle 20:00 del 28/02/2013

Papa Benedetto XVI il 28/02/2013 poche ore prima delle 20:00 disse alla folla di fedeli riunita sotto il balcone del Palazzo Papale di Castel Gandolfo: «Voi sapete che questo giorno mio è diverso da quelli precedenti. Non sono più Pontefice Sommo della Chiesa Cattolica. Fino alle otto di sera [Io] sono ancora poi non più»[3].

Anche da queste parole si evince facilmente che Papa Benedetto XVI pensava erroneamente che sarebbe automaticamente decaduto dal Papato senza dimettersi in alcun modo, infatti in tale occasione non ha parlato di alcun atto di

---

[3] BENEDETTO XVI, *Saluto ai fedeli a Castel Gandolfo.*

dimissioni da parte sua da effettuarsi alle 20:00 del 28/02/2013 e ha fatto cenno solo a tale data e ora come termine del suo Pontificato. D'altra parte, Benedetto XVI, proprio perché pensava di decadere in modo automatico dal Papato, ha fatto l'errore di pensare di essere già decaduto dal Pontificato prima di tale data e ora (anche se si è corretto subito).

Ovviamente, come abbiamo già osservato, un Papa in carica a tutti gli effetti (come era Benedetto XVI prima delle 20:00 del 28/02/2013) se non si dimette rimane in carica a tutti gli effetti, per cui Benedetto XVI non essendosi dimesso è ancora il Papa in carica a tutti gli effetti!

4 Il "sensus fidei omnium fidelium" e Papa Benedetto XVI

Inoltre, non si può invocare in questo caso l'infallibilità del *sensus fidei omnium fidelium* (cioè del senso della fede di tutti i fedeli) per proclamare che Benedetto XVI non è più Papa dalle ore 20:00 del 28/02/2013, in quanto per esempio io stesso, pur essendo fedele cattolico, avevo capito da subito che Benedetto XVI non si era dimesso alle 20:00 del 28/02/2013 e quindi era ancora il legittimo Papa, e non ho cambiato idea da allora (rimanendo sempre fedele cattolico).

In altre parole, non è vero che tutti i fedeli hanno creduto contemporaneamente che Benedetto XVI non era più Papa dalle ore 20:00 del 28/02/2013 e quindi non si può invocare in questo caso l'infallibilità del *sensus fidei omnium fidelium*.

5 Conclusione: il vero Papa è ancora Benedetto XVI, e Jorge Mario Bergoglio è solo un semplice Cardinale

Quindi, possiamo dire che il vero Papa è ancora Benedetto XVI anche se attualmente appare abbastanza inattivo in quanto sembra pensare erroneamente di non essere più il vero Papa ma solo un ex Papa (per cui si fa chiamare Papa emerito). D'altra parte il fatto di essere inattivo non fa decadere automaticamente un Papa, in carica a tutti gli effetti, dal Papato, per cui l'inattività di Benedetto XVI non è un argomento contro il fatto incontrovertibile che Benedetto XVI è ancora il vero Papa.

Inoltre, sia il fatto che nella Dichiarazione letta l'11/02/2013 Benedetto XVI ha affermato di voler continuare a servire di tutto cuore la Santa Chiesa di Dio sia la costante volontà da parte di Benedetto XVI di aderire alla retta dottrina della Chiesa Cattolica impediscono di considerare sia pur remotamente la possibilità di una sua decadenza dal Papato per eresia più o meno manifesta.

Infine, possiamo dire che Benedetto XVI, se si rendesse conto di non essersi dimesso dal Papato e quindi di essere Papa a tutti gli effetti, si comporterebbe effettivamente da vero Papa fino alla sua morte o fino ad eventuali sue dimissioni, date però in modo corretto, dal Papato.

In conclusione, non solo Benedetto XVI non si è dimesso dal Papato ma anche non c'è alcuna motivazione che prescinda dalle sue presunte dimissioni per considerarlo decaduto dal Papato. Per cui dobbiamo considerare che Benedetto XVI è ancora il vero Papa a tutti gli effetti.

Di conseguenza il Cardinale Jorge Mario Bergoglio mai è stato Papa e quindi sono assolutamente nulli tutti quegli atti (compiuti dal Cardinale J. M. Bergoglio) che il Cardinale J. M. Bergoglio poteva compiere validamente solo se era il vero Papa. D'altra parte, Benedetto XVI mai ha approvato come Papa in carica a tutti gli effetti alcun atto del Cardinale J. M. Bergoglio effettuato dopo l'invalida elezione a Papa di quest'ultimo, in quanto Benedetto XVI sembra chiaramente considerare sé stesso come un ex Papa e non come un Papa in carica a tutti gli effetti.

Ovviamente, è urgentissimo far sì che il massimo numero possibile di cattolici, a partire da Benedetto XVI, si rendano conto del fatto che il vero Papa è ancora Benedetto XVI e che il Cardinale Jorge Mario Bergoglio mai è stato Papa.

CAPITOLO II
L'ETERODOSSIA DEL CARDINALE J. M. BERGOGLIO (FALSAMENTE RITENUTO PAPA)

1 Analisi di alcune affermazioni del Cardinale J. M. Bergoglio, fatte dopo la sua falsa ascesa al Papato

Ovviamente, il Cardinale Jorge Mario Bergoglio, dal momento che mai è stato Papa, non ha alcuna grazia di stato per svolgere il compito di Papa, né alcuna altra assistenza divina riservata ai soli Papi. Questo naturalmente ha esposto il Cardinale J. M. Bergoglio a sbagliare più facilmente rispetto ai veri Papi quando ha compiuto atti riservati ai soli Papi. In particolare, il Cardinale J. M. Bergoglio mai ha goduto della infallibilità propria dei Papi, per cui è chiaro che mai ha goduto della facoltà di stabilire, avvalendosi di tale infallibilità, un nuovo dogma. In altri termini, dobbiamo considerare il Cardinale J. M. Bergoglio per quello che è: un semplice Cardinale.

Ora, analizzeremo alcune problematiche dichiarazioni del Cardinale J. M. Bergoglio, fatte dopo la sua falsa ascesa al Papato. Cominciamo con una solenne dichiarazione firmata dal Cardinale J. M. Bergoglio (in qualità di presunto Papa Francesco), cioè con la *Dichiarazione Comune (o Congiunta) di Papa Francesco e del Patriarca Kirill di Mosca e di tutta la Russia (L'Avana, 12 febbraio 2016)*, di cui riportiamo di seguito le parti più problematiche:

12. Ci inchiniamo davanti al martirio di coloro che, a costo della propria vita, testimoniano la verità del Vangelo, preferendo la morte all'apostasia di Cristo. Crediamo che questi martiri del nostro tempo, appartenenti a varie Chiese, ma uniti da una comune sofferenza, sono un pegno dell'unità dei cristiani. È a voi, che soffrite per Cristo, che si rivolge la parola dell'apostolo: «Carissimi, ... nella misura in cui partecipate alle sofferenze di Cristo, rallegratevi perché anche nella rivelazione della Sua gloria possiate rallegrarvi ed esultare» (1Pt 4, 12-13).

13. [...] Le differenze nella comprensione delle verità religiose non devono impedire alle persone di fedi diverse di vivere nella pace e nell'armonia. Nelle circostanze attuali, i leader religiosi hanno la responsabilità particolare di educare i loro fedeli in uno spirito rispettoso delle convinzioni di coloro che appartengono ad altre tradizioni religiose. [...]

16. [...] Chiediamo ai cristiani dell'Europa orientale e occidentale di unirsi per testimoniare insieme Cristo e il Vangelo, in modo che l'Europa conservi la sua anima formata da duemila anni di tradizione cristiana. [...]

24. Ortodossi e cattolici sono uniti non solo dalla comune Tradizione della Chiesa del primo millennio, ma anche dalla missione di predicare il Vangelo di Cristo nel mondo di oggi. Questa missione comporta il rispetto reciproco per i membri delle comunità cristiane ed esclude qualsiasi forma di proselitismo.

Non siamo concorrenti ma fratelli, e da questo concetto devono essere guidate tutte le nostre azioni reciproche e verso il mondo esterno. Esortiamo i cattolici e gli ortodossi di tutti i paesi ad imparare a vivere insieme nella pace e nell'amore, e ad avere «gli uni verso gli altri gli stessi sentimenti» (Rm 15, 5). Non si può quindi accettare l'uso di mezzi sleali per incitare i credenti a passare da una Chiesa ad un'altra, negando la loro libertà religiosa o le loro tradizioni. Siamo chiamati a mettere in pratica il precetto dell'apostolo Paolo: «Mi sono fatto un punto di onore di non annunziare il vangelo se non dove ancora non era giunto il nome di Cristo, per non costruire su un fondamento altrui» (Rm 15, 20).

25. Speriamo che il nostro incontro possa anche contribuire alla riconciliazione, là dove esistono tensioni tra greco-cattolici e ortodossi. Oggi è chiaro che il metodo dell'"uniatismo" del

passato, inteso come unione di una comunità all'altra, staccandola dalla sua Chiesa, non è un modo che permette di ristabilire l'unità. Tuttavia, le comunità ecclesiali apparse in queste circostanze storiche hanno il diritto di esistere e di intraprendere tutto ciò che è necessario per soddisfare le esigenze spirituali dei loro fedeli, cercando nello stesso tempo di vivere in pace con i loro vicini. Ortodossi e greco-cattolici hanno bisogno di riconciliarsi e di trovare forme di convivenza reciprocamente accettabili. [...]

27. Auspichiamo che lo scisma tra i fedeli ortodossi in Ucraina possa essere superato sulla base delle norme canoniche esistenti, che tutti i cristiani ortodossi dell'Ucraina vivano nella pace e nell'armonia, e che le comunità cattoliche del Paese vi contribuiscano, in modo da far vedere sempre di più la nostra fratellanza cristiana.

28. Nel mondo contemporaneo, multiforme eppure unito da un comune destino, cattolici e ortodossi sono chiamati a collaborare fraternamente nell'annuncio della Buona Novella della salvezza, a testimoniare insieme la dignità morale e la libertà autentica della persona, «perché il mondo creda» (Gv 17, 21). Questo mondo, in cui scompaiono progressivamente i pilastri spirituali dell'esistenza umana, aspetta da noi una forte testimonianza cristiana in tutti gli ambiti della vita personale e sociale. Dalla nostra capacità di dare insieme testimonianza dello Spirito di verità in questi tempi difficili dipende in gran parte il futuro dell'umanità.

29. In questa ardita testimonianza della verità di Dio e della Buona Novella salvifica, ci sostenga l'Uomo-Dio Gesù Cristo, nostro Signore e Salvatore, che ci fortifica spiritualmente con la sua infallibile promessa: «Non temere, piccolo gregge, perché al Padre vostro è piaciuto di darvi il suo Regno» (*Lc* 12, 32)![4]

Qui sono presenti molte eresie, anzi praticamente tutte le eresie, anche quelle non ancora sostenute da alcuna persona umana. Infatti, il Cardinale J. M. Bergoglio qui sostiene che si

---

[4] DICHIARAZIONE COMUNE (CONGIUNTA) DI PAPA FRANCESCO E DEL PATRIARCA KIRILL DI MOSCA E DI TUTTA LA RUSSIA (LA HABANA, 12 FEBBRAIO 2016) nn. 12-13.16.24-25.27-29.

devono rispettare le «convinzioni di coloro che appartengono ad altre tradizioni religiose» cioè gli errori presenti nelle altre religioni: qui non si tratta di rispettare gli erranti ma proprio gli errori! Quindi, secondo il Cardinale J. M. Bergoglio, non si può dire alcunché contro gli errori presenti nelle altre religioni, come se le altre religioni avessero lo stesso contenuto di verità della Religione Cattolica. In altre parole questo documento, firmato dal Cardinale J. M. Bergoglio (con il nome erroneo di Papa Francesco), mette tutte le religioni sullo stesso piano, comprese quelle solo possibili, e questo è sommamente blasfemo e racchiude in sé tutte le eresie, comprese quelle solo possibili!

Tutto questo viene confermato dal rifiuto, presente nello stesso documento, di «qualsiasi forma di proselitismo», rifiuto esplicato nello stesso documento con l'affermazione di San Paolo «di non annunziare il vangelo se non dove ancora non era giunto il nome di Cristo» (Rm 15, 20): cioè secondo questo documento non possiamo dire alcunché per convertire un cristiano eretico alla Religione Cattolica. D'altra parte, questa citazione di San Paolo è usata a sproposito in quanto conosciamo bene la durezza di San Paolo nel redarguire anche i più piccoli errori dottrinali nei gruppi da lui stesso evangelizzati. Comunque questa Dichiarazione Comune con questo rifiuto della correzione degli eretici (tra cui ovviamente sono da porre anche gli ortodossi non cattolici come il Patriarca Kirill in quanto non riconoscono la verità di alcuni dogmi della Chiesa Cattolica) è apertamente eretica in quanto mette tutte le eresie, comprese quelle solo possibili, sullo stesso piano della Religione Cattolica.

Inoltre, tutto ciò viene confermato anche dalla critica da parte di tale Dichiarazione Comune verso il cosiddetto metodo dell'"uniatismo", cioè verso la ricerca di una vera conversione degli eretici alla Religione Cattolica: infatti, questo è un ribadire l'affermazione sommamente eretica e blasfema dell'uguaglianza tra la Religione Cattolica e una qualunque eresia.

Infine, tutto ciò è confermato anche dal fatto che in tale Dichiarazione Comune si parla di una evangelizzazione da farsi insieme ad eretici, come se l'evangelizzare nel senso cattolico fosse la stessa cosa che evangelizzare in un senso eretico. Infatti anche qui vediamo la posizione sommamente eretica e blasfema della equivalenza tra la Religione Cattolica e le religioni eretiche.

Passiamo ora a considerare la *Dichiarazione Congiunta* da parte del Cardinale J. M. Bergoglio (in qualità di presunto Papa Francesco) con i luterani *in occasione della Commemorazione Congiunta cattolico-luterana della Riforma (Lund, 31 ottobre 2016)*. In particolare, in tale Dichiarazione si trova il seguente testo:

> Mentre siamo profondamente grati per i doni spirituali e teologici ricevuti attraverso la Riforma, confessiamo e deploriamo davanti a Cristo il fatto che luterani e cattolici hanno ferito l'unità visibile della Chiesa. Differenze teologiche sono state accompagnate da pregiudizi e conflitti e la religione è stata strumentalizzata per fini politici. La nostra comune fede in Gesù Cristo e il nostro battesimo esigono da noi una conversione quotidiana, grazie alla quale ripudiamo i dissensi e i conflitti storici che ostacolano il ministero della riconciliazione. Mentre il passato non può essere cambiato, la memoria e il modo di fare memoria possono essere trasformati. Preghiamo per la guarigione delle nostre ferite e delle memorie che oscurano la nostra visione gli uni degli altri. [...]
> Mentre superiamo quegli episodi della storia che pesano su di noi, ci impegniamo a testimoniare insieme la grazia misericordiosa di Dio, rivelata in Cristo crocifisso e risorto[5].

Come abbiamo visto, in questo documento si mettono sullo stesso piano le responsabilità dei cattolici e dei luterani per la mancanza di unità tra la Chiesa Cattolica e i luterani: questa affermazione è sbagliata, in quanto sono stati i luterani con le

---

[5] DICHIARAZIONE CONGIUNTA IN OCCASIONE DELLA COMMEMORAZIONE CONGIUNTA CATTOLICO-LUTERANA DELLA RIFORMA (LUND, 31 OTTOBRE 2016).

loro numerose eresie a ferire l'unità della Chiesa e non i cattolici; inoltre, tale affermazione è anche una affermazione eretica in quanto con ciò si vuole dire che i luterani non avevano fatto alcun errore nell'affermare le loro eresie, ma che il vero errore è consistito soltanto nell'intolleranza reciproca tra cattolici e luterani. In altre parole, tale Dichiarazione mette in modo inaccettabile sullo stesso piano la Religione Cattolica e l'eresia luterana come se fossero ugualmente accettabili; infatti, se si legge attentamente tale Dichiarazione, si vede che essa mira solo a non avere conflitti tra i cattolici e i luterani senza far cambiare posizioni né ai cattolici né ai luterani, e ciò equivale a considerare equivalenti la Religione Cattolica e l'eresia luterana. Tutto questo è confermato dal fatto che, secondo tale Dichiarazione, dobbiamo addirittura essere «profondamente grati per i doni spirituali e teologici ricevuti attraverso la Riforma».

Una ulteriore conferma di tutto ciò viene dal fatto che, in tale Dichiarazione, si parla di una evangelizzazione che i cattolici e i luterani devono fare insieme come se l'eresia luterana fosse pienamente accettabile: ovviamente questa affermazione è chiaramente eretica.

Oltre a queste due importanti Dichiarazioni l'eterodossia del Cardinale J. M. Bergoglio si è manifestata moltissime volte, dopo la sua falsa ascesa al Papato. Qui ricorderemo alcuni casi clamorosi.

Innanzitutto vediamo alcune affermazioni del presunto Papa Francesco, ovvero del Cardinale J. M. Bergoglio, contro l'annuncio missionario fatto per cercare di convertire i non cattolici alla Religione Cattolica:

Vai a convincere un altro che si faccia cattolico? No, no, no![6]

---

[6] Papa Francesco (ovvero Cardinale J. M. Bergoglio): *Messaggio per la festa di S. Gaetano in Argentina (7 Agosto 2013)* in SOCCI (2014) p. 165.

Il proselitismo è una solenne sciocchezza, non ha senso. [...]
Ciascuno di noi ha una sua visione del Bene e anche del Male.
Noi dobbiamo incitarlo a procedere verso quello che lui pensa
sia il Bene[7].

La cosa peggiore che ci possa essere è il proselitismo religioso,
che paralizza: "Io dialogo con te per convincerti", no[8].

Da queste citazioni si vede chiaramente che il Cardinale J.
M. Bergoglio mette tutte le religioni e anche tutte le posizioni
agnostiche e atee sullo stesso piano, in quanto secondo lui non si
può cercare di convincere una persona, qualunque sia il suo credo
e le sue convinzioni, a migliorare la sua visione sul Bene e sul
Male. Tutto ciò è evidentemente una blasfemia gravissima e la
somma di tutti gli errori religiosi presenti, passati, futuri e anche
solo possibili.

Inoltre, il Cardinale J. M. Bergoglio (come presunto Papa
Francesco) ha addirittura dichiarato implicitamente che la
Religione Cattolica è falsa in quanto secondo lui non esiste un
Dio cattolico: «E io credo in Dio. Non in un Dio cattolico, non
esiste un Dio cattolico, esiste Dio»[9]. Lascia stupefatti che una tale
affermazione palesemente eretica (fatta dal Cardinale J. M.
Bergoglio come presunto Papa Francesco) sia stata fatta passare
dal clero cattolico come se non fosse stata fatta.

D'altra parte, il Cardinale J. M. Bergoglio (come presunto
Papa Francesco) ha negato addirittura la verità della
moltiplicazione dei pani e dei pesci operata due volte da Gesù
Cristo e riportata in tutti e quattro i Vangeli canonici[10], così come

---

[7] Papa Francesco (ovvero Cardinale J. M. Bergoglio) in SCALFARI.

[8] Papa Francesco (ovvero Cardinale J. M. Bergoglio): «lo peor que puede haber es
el proselitismo religioso, que paraliza: "Yo dialogo contigo para convencerte", no»
in CALVO. Cfr. SOCCI (2014) p. 215.

[9] Papa Francesco (ovvero Cardinale J. M. Bergoglio) in SCALFARI.

[10] Cfr. Mt 14, 15-21; 15, 32-38; 16, 8-10; Mc 6, 35-44; 8, 1-9.17-21; Lc 9, 12-17;
Gv 6, 5-14.

ha negato la verità della moltiplicazione della farina e dell'olio della vedova che ospitò il profeta Elia[11]:

> Non si moltiplicarono. No, non è la verità: semplicemente non finirono, come non finì la farina e l'olio della vedova. Non finirono. Quando uno dice 'moltiplicare' può confondersi e credere che faccia una magia ... No, semplicemente è la grandezza di Dio e dell'amore che ha messo nel nostro cuore, che – se vogliamo – quello che possediamo non termina[12].

Ovviamente, con queste affermazioni il Cardinale J. M. Bergoglio si è messo direttamente contro la Parola di Dio, cioè contro la Sacra Scrittura e in particolare contro i quattro Vangeli canonici: di conseguenza con tali affermazioni il Cardinale J. M. Bergoglio ha sostenuto esplicitamente posizioni non solo eretiche ma anche anticristiane.

Infine è da ricordare l'esortazione apostolica postsinodale *Amoris Laetitia*, nella quale il Cardinale J. M. Bergoglio (come presunto Papa Francesco) non solo ha aperto in modo sconsiderato alla possibilità di far accedere alla Comunione Eucaristica gli adulteri non pentiti[13], ma addirittura ha scritto:

> Si tratta di integrare tutti, si deve aiutare ciascuno a trovare il proprio modo di partecipare alla comunità ecclesiale, perché si senta oggetto di una misericordia "immeritata, incondizionata e gratuita". Nessuno può essere condannato per sempre, perché questa non è la logica del Vangelo! Non mi riferisco solo ai divorziati che vivono una nuova unione, ma a tutti, in qualunque situazione si trovino[14].

---

[11] Cfr. 1Re 17, 8-16.

[12] Papa Francesco (ovvero Cardinale J. M. Bergoglio), *Discorso alla Caritas Internationalis*, 16 maggio 2013 [a proposito della moltiplicazione dei pani e dei pesci del Vangelo] in SOCCI (2014) p. 213.

[13] Cfr. PAPA FRANCESCO (ovvero Cardinale J. M. Bergoglio), *Amoris laetitia* nota n. 351.

[14] PAPA FRANCESCO (ovvero Cardinale J. M. Bergoglio), *Amoris laetitia* n. 297.

In altre parole, secondo il Cardinale J. M. Bergoglio, tutti i peccatori, non solo i «divorziati che vivono una nuova unione», devono essere integrati nella comunità ecclesiale anche se hanno commesso peccati mortali di cui non si sono pentiti, cioè secondo il Cardinale J. M. Bergoglio si dovrebbero concedere i sacramenti, a cominciare dall'assoluzione sacramentale e dall'Eucaristia, a tutti i peccatori, anche se hanno commesso peccati mortali di cui non si sono pentiti. La concessione della Comunione Eucaristica ai divorziati "risposati" è quindi solo un caso particolare in quanto, secondo il Cardinale J. M. Bergoglio, tale concessione dovrebbe essere universale per tutti i peccatori non pentiti, anche se sono in stato di peccato mortale. Chiaramente qui siamo completamente contro ciò che ha sempre insegnato e fatto la Chiesa Cattolica prima dell'avvento del cosiddetto Papa Francesco.

Anzi, tale posizione del Cardinale J. M. Bergoglio consiste in pratica nel dire che qualsiasi peccato (anche se considerato mortale dalla dottrina tradizionale della Chiesa Cattolica) non ha alcuna vera conseguenza sul rapporto del peccatore con Dio (almeno non in eterno), per cui equivale a dire che non esiste alcuna possibilità di vero peccato mortale. Da qui si può capire che in pratica il Cardinale J. M. Bergoglio vuole negare non solo l'esistenza dell'inferno, ma anche la stessa possibilità dell'esistenza dell'inferno. Verrebbe ad essere negata di conseguenza anche la necessità dell'Incarnazione redentrice operata dal Figlio di Dio, per cui verrebbe ad essere negata la quasi totalità dei dogmi della Religione Cattolica. Quindi, ovviamente, tale posizione del Cardinale J. M. Bergoglio è fortemente eretica e di conseguenza totalmente inaccettabile.

2 Conclusione: il Cardinale J. M. Bergoglio sostiene posizioni fortemente eretiche e sa di farlo, quindi è eretico e di conseguenza scomunicato!

Ora, abbiamo visto che il Cardinale J. M. Bergoglio sostiene praticamente tutte le eresie possibili.

D'altra parte, evidentemente il Cardinale J. M. Bergoglio sa che sta sostenendo la liceità di posizioni che la Chiesa Cattolica ha condannato come eretiche, in quanto il Cardinale J. M. Bergoglio sa che sta sostenendo esplicitamente le posizioni di sette considerate eretiche dalla Chiesa Cattolica e quindi (di sette) non in comunione con essa (la Chiesa Cattolica). Nonostante ciò il Cardinale J. M. Bergoglio continua con forza a sostenere tali posizioni. Per cui si può sostenere con sicurezza che il Cardinale J. M. Bergoglio vuole sostenere posizioni eretiche con piena avvertenza che le posizioni che sostiene sono posizioni eretiche. Perciò si può dire che il Cardinale J. M. Bergoglio è eretico e di conseguenza scomunicato in virtù degli anatemi lanciati in passato dalla Chiesa Cattolica contro chiunque avesse sostenuto (con piena avvertenza della loro ereticità) le eresie che sono sostenute, con piena avvertenza della loro ereticità, dal Cardinale J. M. Bergoglio!

Di conseguenza il Cardinale J. M. Bergoglio ogni volta che si comunica compie sacrilegio contro la Santissima Eucaristia e sa di farlo!

Da tutto ciò si può capire che è ancora più urgente il riconoscimento che il vero Papa è ancora Benedetto XVI, sia per evitare il diffondersi di eresie a causa dell'insegnamento eretico del Cardinale J. M. Bergoglio, sia perché se Benedetto XVI fosse considerato praticamente da tutti essere ancora il vero Papa verosimilmente il Cardinale J. M. Bergoglio non affermerebbe più di essere Papa e smetterebbe di diffondere il suo insegnamento eretico, sottomettendosi all'autorità del vero Papa, cioè all'autorità di Benedetto XVI.

CAPITOLO III
LE VISIONI PROFETICHE
DELLA BEATA
ANNA KATHARINA EMMERICH

Inoltre, sono molto interessanti alcune visioni profetiche della Beata Anna Katharina Emmerich (1774-1824) che sembrano relative proprio alla situazione attuale. Infatti la Beata A. K. Emmerich parlava esplicitamente della futura compresenza di due Papi. Ora, ovviamente, non possono esserci contemporaneamente due veri Papi nella Chiesa Cattolica, per cui al massimo solo uno di questi è il vero Papa; e, leggendo attentamente queste profezie della Beata A. K. Emmerich in tutti i dettagli, si vede che dei due Papi uno è un falso Papa e l'altro è il vero Papa: inoltre, come vedremo meglio in seguito, il Cardinale Jorge Mario Bergoglio sembra corrispondere a tale falso Papa, mentre Benedetto XVI sembra corrispondere a tale vero Papa.

Vediamo quindi queste famose profezie della Beata A. K. Emmerich. Prima le fu mostrata la futura grande depravazione del genere umano la quale riguardava anche il clero:

Vidi molto chiaramente gli errori, le aberrazioni e gli innumerevoli peccati degli uomini. Vidi la follia e la malvagità delle loro azioni, contro ogni verità e ogni ragione. Fra questi c'erano dei sacerdoti e io con piacere sopportavo le mie sofferenze affinché essi potessero ritornare ad un animo migliore (22 marzo 1820)[15].

---

[15] EMMERICH (sito internet).

Quindi la Beata A. K. Emmerich vide che si pretenderà dal clero una concessione che non potrà essere accordata (evidentemente tale concessione sarà apertamente contro i dogmi della Chiesa Cattolica) e questo provocherà la scissione del clero in due fazioni:

> Ho avuto un'altra visione della grande tribolazione. Mi sembrava che si pretendesse dal clero una concessione che non poteva essere accordata. Vidi molti sacerdoti anziani, specialmente uno, che piangevano amaramente. Anche alcuni più giovani stavano piangendo. Ma altri, e i tiepidi erano fra questi, facevano senza alcuna obiezione ciò che a loro veniva chiesto. Era come se la gente si stesse dividendo in due fazioni (12 aprile 1820)[16].

Poi la Beata A. K. Emmerich vide che tali due fazioni del clero costituiranno due Chiese ognuna delle quali sarà guidata da un Papa: una Chiesa sarà vera e l'altra falsa. Evidentemente la concessione che non poteva essere accordata della visione precedente era stata sollecitata dal capo della falsa Chiesa, cioè dal falso Papa, il quale andava chiaramente contro i dogmi della Chiesa Cattolica. Ora tale falsa Chiesa, nella visione della Beata A. K. Emmerich, risulta avere abbandonato l'unico vero Dio e la sola vera religione perdendosi in tanti falsi dèi e false religioni, cioè aveva riconosciuto come valide tutte le eresie: infatti si dice che eretici di ogni tipo venivano nella città di Roma per dire che venivano accolti nel cuore della falsa Chiesa. Inoltre, tale falsa Chiesa avrà grande successo nel numero di aderenti rispetto alla vera Chiesa:

> Allora io vidi anche il rapporto tra l'uno e l'altro Papa, tra l'uno e l'altro tempio. [...] [Le fu detto che una Chiesa era] molto ridotta di numero e povera di appoggi umani, ma era forte di volontà ... [perché era quella che nei secoli] aveva rovesciato

---

16 EMMERICH (sito internet).

tanti dèi e riunito tanti culti nel suo unico culto. [...] [Invece l'altra Chiesa] era forte per numero di aderenti, ma poco solida di volontà perché – consentendo il falso tempio – aveva abbandonato l'unico vero Dio e la sola vera religione, perdendosi in tanti falsi dèi e false religioni. [...]
Vidi quanto sarebbero state nefaste le conseguenze di questa falsa Chiesa. L'ho veduta aumentare di dimensioni; eretici di ogni tipo venivano nella città [di Roma]. Il clero locale diventava tiepido, e vidi che si produsse un grande oscuramento. Allora la visione si allargò in tutte le direzioni. Vidi dappertutto le comunità cattoliche oppresse, vessate, confinate e private di tutte le libertà. Vidi che molte chiese erano state chiuse. Vidi dappertutto una grande miseria. Vidi guerre e spargimento di sangue. Vidi un popolo feroce e ignorante intervenire con violenza, ma questo non durò a lungo. Ebbi di nuovo una visione in cui la chiesa di San Pietro era scalzata dalle sue fondamenta, seguendo un piano messo a punto dalla setta segreta, proprio mentre essa era danneggiata dalle tempeste. Ma io vidi anche il soccorso che arrivava nel momento della più grande afflizione. Vidi di nuovo la Santa Vergine porsi sopra la chiesa e stendere su di essa il suo mantello (13 maggio 1820)[17].

Fra le cose più strane che vidi, vi erano delle lunghe processioni di vescovi. Mi vennero fatti conoscere i loro pensieri e le loro parole attraverso immagini che uscivano dalle loro bocche. Le loro colpe verso la religione venivano mostrate attraverso delle deformità esterne. Alcuni avevano solo un corpo, con una nube scura al posto della testa. Altri avevano solo una testa, i loro corpi e i cuori erano come densi vapori. Alcuni erano zoppi; altri erano paralitici; altri ancora dormivano oppure barcollavano (1 giugno 1820)[18].

In una visione successiva la Beata A. K. Emmerich vide il vero Papa ritirato in un altro palazzo dove egli riceveva poche persone, e questo prima ancora di avere affrontato direttamente la fazione cattiva per cui si può inferire che egli si era ritirato

---

[17] EMMERICH (sito internet) e SOCCI (2014) p. 232.
[18] EMMERICH (sito internet).

spontaneamente (evidentemente tutto questo si può applicare a Benedetto XVI che si è ritirato spontaneamente in un altro palazzo dove effettivamente riceve poche persone e finora non ha fatto alcunché contro il presunto Papa Francesco, cioè contro il Cardinale Jorge Mario Bergoglio):

> Vedo il Santo Padre in grande assillo; abita in un altro palazzo circondato da poche persone di fiducia, le sue forze stanno per confrontarsi con la fazione cattiva. Se le forze del male avranno la meglio egli soffrirà ancora grandi tribolazioni prima della sua morte. Vedo la falsa Chiesa delle tenebre in crescita, e vedo la tremenda influenza che essa ha sulla gente. Il Santo Padre e la [vera] Chiesa sono veramente in una così grande afflizione che bisognerebbe implorare Dio giorno e notte. Io sono stata guidata questa notte a Roma, vedo il Santo Padre in una grande pena d'animo ancora nascosto per sfuggire alle sinistre minacce. Egli è stanchissimo e del tutto sfinito dagli assilli, dalla tristezza e dalle preghiere. Ora può fidarsi solo di poche persone; è principalmente per questa ragione che deve nascondersi. Ma ha ancora con sé un anziano sacerdote di grande semplicità e devozione. Egli è suo amico, e per la sua semplicità non pensavano valesse la pena toglierlo di mezzo.
> Ma quest'uomo riceve molte grazie da Dio. Vede e si rende conto di molte cose che riferisce fedelmente al Santo Padre. Mi veniva chiesto di informarlo, mentre stava pregando, sui traditori e gli operatori di iniquità che facevano parte delle alte gerarchie dei servi che vivevano accanto a lui, così che egli potesse avvedersene. In questo modo il Papa sarebbe stato messo in guardia in modo da non confidarsi più con chi gli era vicino, ma che in realtà era suo nemico. Egli è così debole che non può più camminare (10 agosto 1820)[19].

Poi, la Beata A. K. Emmerich ebbe altre visioni sulla grande depravazione della falsa Chiesa apparentemente trionfante:

---

[19] EMMERICH (*Visioni*, ed. Cantagalli) pp. 149-150 ed EMMERICH (sito internet).

Vidi una strana chiesa che veniva costruita contro ogni regola. [...] Non c'erano angeli a vigilare sulle operazioni di costruzione. In quella chiesa non c'era alcunché che venisse dall'alto. [...] C'erano solo divisioni e caos. Si tratta probabilmente di una chiesa di umana creazione, che segue l'ultima moda, così come la nuova chiesa eterodossa di Roma, che sembra dello stesso tipo (12 settembre 1820)[20].

Ho visto di nuovo la strana grande chiesa che veniva costruita là [a Roma]. Non c'era alcunché di santo in essa. Ho visto questo proprio come ho visto un movimento guidato da ecclesiastici a cui contribuivano angeli, santi ed altri cristiani. Ma là [nella strana chiesa] tutto il lavoro veniva fatto meccanicamente. Tutto veniva fatto secondo la ragione umana. [...] Ho visto ogni genere di persone, cose, dottrine ed opinioni.
C'era qualcosa di orgoglioso, presuntuoso e violento in tutto ciò, ed essi sembravano avere molto successo. Io non vedevo un solo angelo o un santo che aiutasse nel lavoro. Ma sullo sfondo, in lontananza, vidi la sede di un popolo crudele armato di lance, e vidi una figura che rideva, che disse: "Costruitela pure quanto più solida potete; tanto noi la butteremo a terra" (12 settembre 1820)[21].

Vidi cose deplorevoli: stavano giocando d'azzardo, bevendo e parlando in chiesa; stavano anche corteggiando le donne. Ogni sorta di abomini venivano perpetrati là. I sacerdoti permettevano tutto e dicevano la Messa con molta irriverenza. Vidi che pochi di loro erano ancora pii, e solo pochi avevano una sana visione delle cose. Vidi anche degli ebrei che si trovavano sotto il portico della chiesa. Tutte queste cose mi diedero tanta tristezza (27 settembre 1820)[22].

D'altra parte la Beata A. K. Emmerich ha visto la futura situazione di oppressione del vero Papa e la futura mancanza di rettitudine nella quasi totalità del clero e nella quasi totalità della

---

[20] EMMERICH (sito internet).
[21] EMMERICH (sito internet).
[22] EMMERICH (sito internet).

gente, e il contemporaneo quasi totale sopravvento che il Protestantesimo avrà sulla Chiesa Cattolica:

> La Chiesa si trova in grande pericolo. Dobbiamo pregare affinché il Papa non lasci Roma; ne risulterebbero innumerevoli mali se lo facesse. Ora stanno pretendendo qualcosa da lui. La dottrina protestante e quella dei greci scismatici devono diffondersi dappertutto. Ora vedo che in questo luogo la Chiesa viene minata in maniera così astuta che rimangono a mala pena un centinaio di sacerdoti che non siano stati ingannati. Tutti loro lavorano alla distruzione, persino il clero. Si avvicina una grande devastazione (1 ottobre 1820)[23].

> Quando vidi la chiesa di San Pietro in rovina, e il modo in cui tanti membri del clero erano essi stessi impegnati in quest'opera di distruzione - nessuno di loro desiderava farlo apertamente davanti agli altri -, ero talmente dispiaciuta che chiamai Gesù con tutta la mia forza, implorando la Sua misericordia. Allora vidi davanti a me lo Sposo Celeste ed Egli mi parlò per lungo tempo. [...]
> Egli disse, fra le altre cose, che questo trasferimento della Chiesa da un luogo ad un altro significava che essa sarebbe sembrata in completo declino. Ma sarebbe risorta. Anche se rimanesse un solo cattolico, la Chiesa vincerebbe di nuovo perché non si fonda sui consigli e sull'intelligenza umani. Mi fece anche vedere che non era rimasto quasi nessun cristiano, nell'antico significato della parola (4 ottobre 1820)[24].

> Quando con [Santa] Francesca [Romana] e il santo martire giunsi a Roma, vedemmo un grande palazzo avvolto dalle fiamme, da cima a fondo. Fui molto turbata, nessuno tentava di spegnere quell'incendio ed ebbi l'impressione che gli abitanti volessero forse essere bruciati, perché nessuno tentava di domare le fiamme. Appena ci avvicinammo il fuoco scemò fino a spegnersi. Potemmo vedere il palazzo bruciato e annerito dalle fiamme. Entrammo ed attraversammo un gran numero di magnifiche stanze, e finalmente raggiungemmo il Papa. Era

---

[23] EMMERICH (sito internet).
[24] EMMERICH (sito internet).

seduto al buio e addormentato su una grande poltrona. Era molto ammalato e debole; non riusciva più a camminare.
Davanti alle porte alcune persone andavano avanti e indietro. I religiosi che lo circondavano più da vicino non mi piacevano, apparivano essere falsi e tiepidi. I devoti semplici e fedeli si trovavano nella parte più lontana del palazzo. Parlai a lungo con lui e mi sembrò che la mia presenza in quel luogo fosse necessaria. Parlai al Papa dei vescovi che presto dovevano essere nominati, e gli parlai pure del pericolo di lasciare Roma. Secondo me non avrebbe dovuto farlo altrimenti, senza la sua presenza in città, tutto sarebbe caduto nella confusione. Egli però era persuaso di lasciare la città e mi rispose che questo pericolo non poteva essere evitato, doveva andare via per salvare molti e salvarsi. [...] Era molto propenso a lasciare Roma, e veniva esortato insistentemente a farlo. [...]
Vidi la Chiesa solitaria, interamente abbandonata. Sembrava che tutti fossero scappati via. Imperava la disarmonia più completa. Dappertutto vidi grande miseria, odio, tradimenti, rancori, inquietudini e una totale cecità. [...] Vidi delle luci illuminare i luoghi dove i singoli pregavano, sugli altri invece calare le tenebre oscure. La condizione si presentava in modo terribile. [...] O città, città [Roma], quali minacce! La tempesta è vicina. Fai attenzione! Ma io spero che tu resterai salda (7 ottobre 1820)[25].

Quelli che vidi credo che fossero quasi tutti i vescovi del mondo, ma solo un piccolo numero era perfettamente retto. Vidi anche il Santo Padre - assorto nella preghiera e timoroso di Dio. Non c'era niente che lasciasse a desiderare nella sua apparenza, ma era indebolito dall'età avanzata e da molte sofferenze. La testa pendeva da una parte all'altra, e cadeva sul petto come se si stesse addormentando. Egli aveva spesso svenimenti e sembrava che stesse morendo. Ma quando pregava era spesso confortato da apparizioni dal Cielo. In quel momento la sua testa era dritta, ma non appena la faceva cadere sul petto vedevo un certo numero di persone che guardavano rapidamente a destra e a sinistra, cioè in direzione del mondo.

---

[25] EMMERICH (*Visioni*, ed. Cantagalli) pp. 155-157 ed EMMERICH (sito internet).

Poi vidi che tutto ciò che riguardava il Protestantesimo stava prendendo gradualmente il sopravvento e la Religione Cattolica stava precipitando in una completa decadenza. La maggior parte dei sacerdoti erano attratti dalle dottrine seducenti ma false di giovani insegnanti, e tutti loro contribuivano all'opera di distruzione.
In quei giorni, la Fede cadrà molto in basso, e sarà preservata solo in alcuni posti, in poche case e in poche famiglie che Dio ha protetto dai disastri e dalle guerre (1820)[26].

Vedo molti ecclesiastici che sono stati scomunicati e che non sembrano curarsene, e tantomeno sembrano averne coscienza. Eppure, essi vengono scomunicati quando cooperano [sic] con imprese, entrano in associazioni e abbracciano opinioni su cui è stato lanciato un anatema. Si può vedere come Dio ratifichi i decreti, gli ordini e le interdizioni emanate dal Capo della Chiesa e li mantenga in vigore anche se gli uomini non mostrano interesse per essi, li rifiutano o se ne burlano (1820-1821)[27].

Vidi che molti pastori si erano fatti coinvolgere in idee che erano pericolose per la Chiesa. Essi hanno costruito una grande Chiesa, strana e stravagante; tutti dovevano entrarci per essere uniti ed avere gli stessi diritti: evangelici, cattolici e sette di ogni denominazione. Doveva essere una vera comunione di profani, vi sarebbe stato un solo pastore e un solo gregge. Doveva anche esserci un Papa, ma che non possedesse alcunché e fosse un [semplice] dipendente [salariato, impiegato]. Tutto era preparato preventivamente e molte cose erano già fatte: ma nella posizione dell'altare non c'era che desolazione e abominazione. Così doveva essere la nuova Chiesa ed era per questo che si dava fuoco all'edificio dell'antica chiesa. Ma Dio aveva altri progetti (22 aprile 1823)[28].

Come abbiamo visto, la falsa Chiesa, nelle visioni profetiche della Beata A. K. Emmerich, mette sullo stesso piano i cattolici con i protestanti di ogni denominazione. Come abbiamo

---

[26] EMMERICH (sito internet).
[27] EMMERICH (sito internet). Cfr. SOCCI (2014) p. 234.
[28] EMMERICH (sito internet) e SOCCI (2014) pp. 232-233.

visto, questo è indubbiamente il piano del Cardinale J. M. Bergoglio, per cui sembra chiaro che è possibile identificare il Cardinale J. M. Bergoglio con il falso Papa che sostiene in maniera assurda e blasfema la validità di tutte le eresie contemporaneamente, anche di quelle mai fino ad ora sostenute.

Infine c'è una profezia della Beata A. K. Emmerich sullo scioglimento di Lucifero cinquanta o sessant'anni prima dell'anno 2000: «Mi è stato anche detto, se ricordo bene, che egli [Lucifero] verrà liberato per un certo periodo cinquanta o sessanta anni prima dell'anno di Cristo 2000»[29].

Sulla base di tale indicazione temporale per uno scatenarsi senza precedenti delle forze del male non ci possono essere molti dubbi sull'identificazione del falso Papa della visione della Beata A. K. Emmerich con il Cardinale Jorge Mario Bergoglio e del vero Papa ritiratosi in un altro luogo con Benedetto XVI.

Ovviamente si potrebbe pensare che tali visioni profetiche della Beata A. K. Emmerich possano essere in tutto o in parte profezie condizionate al comportamento futuro dell'umanità. Però, almeno di solito, le profezie condizionate di cose cattive sono condizionate nel senso che se non si verificherà un miglioramento nel comportamento dell'umanità avverranno quelle cose cattive profetizzate. Ora sappiamo bene che la moralità dell'umanità e in particolare dei cattolici è diminuita grandemente rispetto all'epoca delle visioni della Beata A. K. Emmerich, per cui le profezie della Beata A. K. Emmerich anche se fossero condizionate si verificheranno puntualmente a meno di una conversione eccezionale dell'umanità, la quale conversione non appare in alcun modo all'orizzonte, anzi ultimamente si sono visti peggioramenti sempre più grandi nella moralità dell'umanità e in particolare dei cattolici.

In ogni caso gli esseri umani sono sempre dotati del libero arbitrio e le profezie, condizionate o non condizionate, sono come la visione del passato da parte del futuro, la quale visione

---

[29] EMMERICH (*Visioni*, ed. Cantagalli) p. 200 ed EMMERICH (sito internet).

ovviamente non ostacola in alcun modo l'effettiva libertà di scelta degli esseri umani[30]. Quindi ci dobbiamo sempre sforzare di compiere il più possibile la volontà di Dio, o più precisamente i desideri di Dio.

Però tali profezie ci sono utili per capire che, nonostante le apparenze contrarie, Dio ha sempre il pieno controllo della situazione, tanto che sapeva già in anticipo lo sfacelo che sta avvenendo e quello che molto probabilmente avverrà, in maniera tale da potercelo comunicare in anticipo tramite profezie più o meno velate. Quindi, anche per questo non dovremo perdere in alcun caso la fiducia in Dio e soprattutto la fede cattolica, pure nel caso che si verificassero effettivamente le terribili persecuzioni che si profilano davanti a noi. Anzi dovremo essere sempre sicuri del trionfo finale della Religione Cattolica.

---

[30] Cfr. PACE pp. 335-344.

CAPITOLO IV
IL TERZO SEGRETO DI FATIMA

D'altra parte, a questo punto è molto interessante riflettere attentamente sul famoso Terzo Segreto di Fatima (ancora non pubblicato ufficialmente dal Vaticano) o se preferiamo sulla parte del Terzo Segreto di Fatima ancora non pubblicata ufficialmente dal Vaticano.

Infatti, è ormai acclarato che il testo pubblicato dal Vaticano nel 2000 è relativo ad un'altra visione di Lucia sul Terzo Segreto di Fatima e non era quello che era noto con il nome di Terzo Segreto di Fatima, in quanto tale testo pubblicato dal Vaticano non corrisponde affatto alle indiscrezioni autorevoli che si erano avute in precedenza[31]: al massimo i testi relativi al Terzo Segreto di Fatima erano due e si è nascosto il testo principale. Per questo diversi autori come M. Tosatti e A. Socci hanno parlato di un Quarto Segreto di Fatima non ancora svelato, intendendo con Quarto Segreto di Fatima quello che comunemente era definito Terzo Segreto di Fatima[32].

A tale proposito bisogna anche ricordare che nel 1942 il Vaticano ha fatto pubblicare una versione in qualche modo falsificata del Secondo Segreto di Fatima: in questo caso il Vaticano lo ha fatto correggere successivamente alcuni anni dopo, dichiarando pubblicamente di aver fatto pubblicare il Secondo Segreto di Fatima in una forma manipolata, e quindi in qualche modo falsificata, per motivi politici![33] Quindi, dal momento che il Terzo Segreto di Fatima è indubbiamente molto più problematico per la Chiesa Cattolica del Secondo Segreto di

---

[31] Cfr. SOCCI (2008) pp. 73-178; TOSATTI pp. 51-122; MANTERO pp. 171-238.
[32] Cfr. SOCCI (2008); TOSATTI.
[33] Cfr. TOSATTI pp. 29-31.

Fatima (infatti, il Terzo Segreto di Fatima, per la sua problematicità, in ogni caso è stato tenuto segreto dalla Chiesa Cattolica per molto più tempo del Secondo Segreto di Fatima), chiaramente non è impossibile che il Vaticano abbia potuto fare almeno qualche manipolazione nella divulgazione del Terzo Segreto di Fatima: per esempio, ridefinendo, con una nuova definizione arbitraria, Terzo Segreto di Fatima il testo pubblicato nel 2000, il quale costituiva al massimo una parte secondaria del Terzo Segreto di Fatima o meglio una descrizione di una visione relativa al Terzo Segreto di Fatima, ed escludendo da tale nuova definizione di Terzo Segreto di Fatima quello che tradizionalmente si indicava con il nome di Terzo Segreto di Fatima.

D'altra parte, come abbiamo notato, anche il vero Terzo Segreto di Fatima poteva essere divulgato in forma manipolata come è avvenuto per il vero Secondo Segreto di Fatima. Infatti, abbiamo che è stata pubblicata dalla Rivista tedesca di Stoccarda "Neues Europa" il 15 ottobre 1963 una versione cosiddetta diplomatica del Terzo Segreto di Fatima, con l'approvazione almeno successiva dell'allora Segretario (e successivamente Prefetto) della Congregazione del Sant'Uffizio Card. A. Ottaviani (il quale era a conoscenza del vero Terzo Segreto di Fatima)[34]: in virtù delle indiscrezioni autorevoli sul vero Terzo Segreto di Fatima tale versione diplomatica appare chiaramente, a partire dalla lunghezza, essere diversa dal vero Terzo Segreto di Fatima ovvero essere una manipolazione del vero Terzo Segreto di Fatima[35].

D'altro canto, il vero Terzo Segreto di Fatima è stato reso noto in modo non ufficiale, ma in tal modo è stato fatto passare sotto silenzio da parte dei principali media per cui comunemente

---

[34] Cfr. ADESSA, *Il Terzo Segreto di Fatima - Una testimonianza* pp. 14.16-18; ADESSA, *Il Terzo Segreto di Fatima* pp. 2-3.8-10.

[35] Cfr. ADESSA, *Il Terzo Segreto di Fatima - Una testimonianza* pp. 14.16-18; ADESSA, *Il Terzo Segreto di Fatima* pp. 2.8-10.

si pensa in modo erroneo che sia ancora segreto o addirittura che sia il testo pubblicato dal Vaticano nel 2000.

Infatti, Don Luigi Villa (che fu incaricato da San Pio da Pietrelcina e da Papa Pio XII di difendere la Chiesa Cattolica dalla massoneria, in particolar modo da quella presente nella Chiesa Cattolica cioè dalla massoneria ecclesiastica, e che era in strette relazioni con il Cardinale A. Ottaviani, Prefetto del Sant'Uffizio, il quale era a conoscenza del vero Terzo Segreto di Fatima[36]) ha affermato che il vero testo del Terzo Segreto di Fatima è contenuto integralmente nella versione diplomatica del Terzo Segreto di Fatima pubblicata dalla Rivista tedesca di Stoccarda "Neues Europa" il 15 ottobre 1963 (la quale versione, secondo lo stesso Don Luigi Villa, fu redatta personalmente dal Cardinale A. Ottaviani[37]): cioè tale versione diplomatica riporta tutto il testo del vero Terzo Segreto di Fatima con l'aggiunta, però, di altre frasi estranee al vero Terzo Segreto di Fatima. In particolare, la versione diplomatica, pubblicata dalla Rivista tedesca di Stoccarda "Neues Europa" il 15 ottobre 1963, è la seguente (abbiamo evidenziato in neretto la parte che costituisce il vero Terzo Segreto di Fatima, secondo Don Luigi Villa):

> Non aver timore, cara piccola. Sono la Madre di Dio, che ti parla e ti domanda di rendere pubblico il presente Messaggio per il mondo intero. Ciò facendo, incontrerai forti resistenze. Ascolta bene e fa attenzione a quello che ti dico:
> Gli uomini devono correggersi. Con umili suppliche, devono chiedere perdono dei peccati commessi e che potessero commettere. Tu desideri che io ti dia un segno, affinché ognuno accetti le Mie Parole che dico per mezzo tuo, al genere umano. Hai visto il Prodigio del Sole, e tutti, credenti, miscredenti,

---

[36] Cfr. ADESSA, *Chi era realmente Don Luigi Villa?* pp. 2.6-12.18-19; ADESSA, *Il Terzo Segreto di Fatima - Una testimonianza* pp. 17-18; ADESSA, *Il Terzo Segreto di Fatima* pp. 8.10.

[37] Cfr. ADESSA, *Il Terzo Segreto di Fatima - Una testimonianza* pp. 14.18; ADESSA, *Il Terzo Segreto di Fatima* pp. 2.10.

contadini, cittadini, sapienti, giornalisti, laici, sacerdoti, tutti lo hanno veduto. Ed ora proclama a Mio Nome:

Un grande castigo cadrà sull'intero genere umano, non oggi, né domani, ma nella seconda metà del Secolo XX. Lo avevo già rivelato ai bambini Melania e Massimino, a "La Salette" ed oggi lo ripeto a te, perché il genere umano ha peccato e calpestato il Dono che avevo fatto. **In nessuna parte del mondo vi è ordine, e Satana regnerà sui più alti posti, determinando l'andamento delle cose. Egli effettivamente riuscirà ad introdursi fino alla sommità della Chiesa;** egli riuscirà a sedurre gli spiriti dei grandi scienziati che inventano le armi, con le quali sarà possibile distruggere in pochi minuti gran parte dell'umanità. Avrà in potere i potenti che governano i popoli, e li aizzerà a fabbricare enormi quantità di quelle armi. E, se l'umanità non dovesse opporvisi, sarò obbligata a lasciar libero il braccio di Mio Figlio. Allora vedrai che Iddio castigherà gli uomini con maggior severità che non abbia fatto con il diluvio.

Verrà il tempo dei tempi e la fine di tutte le fini, se l'umanità non si convertirà; e se tutto dovesse restare come ora, o peggio, dovesse maggiormente aggravarsi, i grandi e i potenti periranno insieme ai piccoli e ai deboli. **Anche per la Chiesa, verrà il tempo delle Sue più grandi prove. Cardinali si opporranno a Cardinali; Vescovi a Vescovi. Satana marcerà in mezzo alle Loro file, e a Roma vi saranno cambiamenti. Ciò che è putrido cadrà, e ciò che cadrà, più non si alzerà. La Chiesa sarà offuscata, e il mondo sconvolto dal terrore.** Tempo verrà che nessun Re, Imperatore, Cardinale o Vescovo, aspetterà Colui che tuttavia verrà, ma per punire secondo i disegni del Padre mio.

Una grande guerra si scatenerà nella seconda metà del XX secolo. Fuoco e fumo cadranno dal Cielo, le acque degli oceani diverranno vapori, e la schiuma s'innalzerà sconvolgendo e tutto, affondando. Milioni e Milioni di uomini periranno di ora in ora, coloro che resteranno in vita, invidieranno i morti. Da qualunque parte si volgerà lo sguardo, sarà angoscia, miseria, rovine in tutti i paesi. Vedi? Il tempo si avvicina sempre più, e l'abisso si allarga senza speranza. I buoni periranno assieme ai cattivi, i grandi con i piccoli, i Principi della Chiesa con i loro fedeli, e i regnanti con i loro popoli. **Vi sarà morte ovunque a causa degli errori**

commessi dagli insensati e dai partigiani di Satana il quale allora, e solamente allora, regnerà sul mondo. In ultimo, allorquando quelli che sopravviveranno ad ogni evento, saranno ancora in vita, proclameranno nuovamente Iddio e la Sua Gloria, e Lo serviranno come un tempo, quando il mondo non era così pervertito.
Va, mia piccola, e proclamalo. Io a tal fine, sarò sempre al tuo fianco per aiutarti[38].

Come si può notare, si poteva inferire che la versione cosiddetta diplomatica non poteva essere quella corretta anche perché in essa c'è un anacronistico accenno all'appena avvenuto Prodigio del Sole, in quanto sappiamo che il Terzo Segreto di Fatima fu rivelato durante l'apparizione del 13 luglio 1917 mentre il Prodigio del Sole avvenne durante l'apparizione del 13 ottobre 1917[39].

Ora, per maggiore comodità riportiamo anche il testo evidenziato in neretto nella versione diplomatica da solo, il quale testo corrisponde al vero Terzo Segreto di Fatima:

Un grande castigo cadrà sull'intero genere umano, non oggi, né domani, ma nella seconda metà del Secolo XX.
In nessuna parte del mondo vi è ordine, e Satana regnerà sui più alti posti, determinando l'andamento delle cose. Egli effettivamente riuscirà ad introdursi fino alla sommità della Chiesa.
Anche per la Chiesa, verrà il tempo delle Sue più grandi prove. Cardinali si opporranno a Cardinali; Vescovi a Vescovi. Satana marcerà in mezzo alle loro file e a Roma vi saranno cambiamenti. Ciò che è putrido cadrà, e ciò che cadrà più non si alzerà. La Chiesa sarà offuscata, e il mondo sconvolto dal terrore.

₃₈ ADESSA, *Il Terzo Segreto di Fatima - Una testimonianza* p. 19 e ADESSA, *Il Terzo Segreto di Fatima* pp. 11-12. Cfr. ADESSA, *Il Terzo Segreto di Fatima - Una testimonianza* pp. 14-21; ADESSA, *Il Terzo Segreto di Fatima.*
₃₉ Cfr. SOCCI (2008) pp. 15.18-23.

Una grande guerra si scatenerà nella seconda metà del XX secolo. Fuoco e fumo cadranno dal Cielo, le acque degli oceani diverranno vapori, e la schiuma s'innalzerà sconvolgendo e tutto, affondando. Milioni e milioni di uomini periranno di ora in ora, coloro che resteranno in vita invidieranno i morti.

Vi sarà morte ovunque a causa degli errori commessi dagli insensati e dai partigiani di Satana il quale allora, e solamente allora, regnerà sul mondo.

In ultimo, allorquando quelli che sopravviveranno ad ogni evento, saranno ancora in vita, proclameranno nuovamente Iddio e la Sua Gloria, e Lo serviranno come un tempo, quando il mondo non era così pervertito[40].

In primo luogo, possiamo dire che effettivamente questo testo è tale da spiegare le resistenze del Vaticano alla sua divulgazione, almeno nella forma di vera e propria rivelazione fatta da Maria Vergine SS. a Fatima.

Inoltre, questo testo corrisponde perfettamente alle numerose e autorevoli indiscrezioni sul Terzo Segreto di Fatima che si sono avute finora, comprese quelle sulla sua lunghezza[41].

Per quanto riguarda il contenuto bisogna dire che il fatto che si parla due volte nel testo di seconda metà del XX secolo non significa che tale profezia sia relativa al passato e ormai non si sia verificata, ma si deve intendere che l'inizio del processo che porta a una guerra devastante (ovviamente dovrebbe essere la Terza Guerra Mondiale) comincia nella seconda metà del XX secolo, infatti in questa profezia non si dice che le grandi devastazioni si avranno allo scoppio della guerra ma solo che si avranno nel corso di essa.

---

[40] ADESSA, *Il Terzo Segreto di Fatima - Una testimonianza* p. 20 e ADESSA, *Il Terzo Segreto di Fatima* p. 13. Cfr. ADESSA, *Il Terzo Segreto di Fatima - Una testimonianza* pp. 14-21; ADESSA, *Il Terzo Segreto di Fatima*.
[41] Cfr. ADESSA, *Il Terzo Segreto di Fatima - Una testimonianza* pp. 14-21; ADESSA, *Il Terzo Segreto di Fatima*; SOCCI (2008) pp. 73-178; TOSATTI pp. 51-122; MANTERO pp. 171-238.

D'altra parte, come possiamo notare, si ragiona ancora oggi in termini di Guerra Fredda come se non fosse mai terminata tale guerra. Inoltre si può dire che il pericolo dello scoppio di una guerra mondiale nucleare è cominciato proprio nella seconda metà del XX secolo {infatti, si può indicare come primo vero rischio di guerra mondiale nucleare l'ultimatum del 24 marzo 1951 da parte del generale statunitense D. MacArthur alla Cina (la quale era spalleggiata dall'Unione Sovietica), durante la guerra di Corea (1950-1953)[42]} senza mai annullarsi del tutto, per cui una prossima Terza Guerra Mondiale tra la Russia con alcuni alleati da una parte e la Nato con qualche altro alleato dall'altra si potrebbe tranquillamente considerare come l'epilogo della Guerra Fredda o meglio come l'attuarsi della minaccia di Terza Guerra Mondiale nucleare, la quale minaccia, come abbiamo detto, è cominciata nella seconda metà del XX secolo.

In ogni caso si può capire dalla struttura di questa profezia che la Terza Guerra Mondiale sarà in un certo senso il prodotto dell'offuscamento della Chiesa Cattolica (secondo questa profezia, giustamente, esiste solo una Chiesa che è evidentemente la Chiesa Cattolica), o meglio che la Terza Guerra Mondiale sarà combattuta, non più come guerra fredda, ma come guerra calda devastante solo dopo l'offuscamento della Chiesa Cattolica, dovuto all'introdursi di Satana fino alla sommità della Chiesa Cattolica.

Ora la Chiesa Cattolica ha solo una sommità: il Papato ovvero il Papa. Si può notare, però, che stranamente in questa profezia si parla di opposizione di Cardinali contro altri Cardinali e di Vescovi contro altri Vescovi, mentre non si fa alcuna menzione del Papa né si parla di Sede Vacante (cioè dell'assenza di un Papa legittimo, la quale assenza potrebbe più facilmente spiegare l'opposizione tra Cardinali e tra Vescovi, e quindi, se presente, normalmente avrebbe dovuto essere citata nella profezia). Quindi, questa profezia lascia intendere che il Papato,

---

⁴² Cfr. PAPE pp. 145-146.

almeno apparentemente, sarà nelle mani di qualcuno manovrato da Satana e che questo qualcuno interverrà attivamente nelle lotte interne alla Chiesa Cattolica tenendo le parti di Satana: inoltre, secondo questa profezia, questo qualcuno non sarà il legittimo Papa ma sarà o un Cardinale o un Vescovo (molto più probabilmente un Cardinale) anche se apparirà agli occhi di molti come se fosse il Papa legittimo; mentre la Santa Sede non sarà vacante perché sarà ancora vivo il legittimo Papa il quale (stranamente) sarà abbastanza inoperoso almeno nella prima fase degli scontri interni alla Chiesa Cattolica. Inoltre, secondo questa profezia, le lotte interne alla Chiesa Cattolica non cominceranno subito dopo l'arrivo di Satana alla sommità della Chiesa Cattolica, cioè subito dopo l'insediamento (invalido ma da moltissimi ritenuto valido) di uno strumento di Satana sulla Sede Papale.

Quindi, appare molto probabile interpretare questa profezia come riferentesi al periodo attuale (cioè a quello che stiamo vivendo attualmente), per cui ora staremmo vivendo un tempo intermedio tra l'insediamento sulla Sede Papale del Cardinale Jorge Mario Bergoglio, il quale (insediamento) come abbiamo notato è un insediamento invalido in quanto il vero Papa è ancora Benedetto XVI perché, come abbiamo visto, quest'ultimo in realtà mai si è dimesso, e lo scoppio di opposizioni all'interno della Chiesa Cattolica verosimilmente a causa delle posizioni del Cardinale Jorge Mario Bergoglio, le quali posizioni sarebbero ispirate in realtà da Satana, mentre verosimilmente Benedetto XVI non considerandosi più vero Papa non interverrebbe nelle lotte intestine alla Chiesa Cattolica almeno in una prima fase. In altre parole, il Cardinale Jorge Mario Bergoglio non solo non è il vero Papa, ma, secondo il vero Terzo Segreto di Fatima, sarebbe addirittura in qualche maniera sotto il controllo di Satana, almeno in modo tale da poter dire che Satana è arrivato alla sommità della Chiesa Cattolica! Comunque ribadiamo che il vero Papa è ancora Benedetto XVI.

Secondo questa profezia tali manovre sataniche (operate, quasi certamente, per mezzo del Cardinale Jorge Mario Bergoglio) inganneranno molte persone appartenenti alla Chiesa Cattolica, tanto da produrre un terribile offuscamento della stessa Chiesa Cattolica.

Inoltre, secondo questa stessa profezia, tale offuscamento produrrà un predominio nel mondo da parte di Satana e quindi lo scoppio della Terza Guerra Mondiale, evidentemente termonucleare.

D'altra parte, è straordinario l'accenno in questa profezia, nella parte riguardante la Terza Guerra Mondiale, soprattutto a terribili inondazioni che provocheranno un numero immane di morti, più precisamente alle acque degli oceani che diventeranno vapori e schiuma e che inonderanno zone amplissime portando morte e distruzione. Infatti, comunemente, quando pensiamo alla Terza Guerra Mondiale siamo abituati a pensare solo al terribile fuoco causato dalle esplosioni termonucleari, al forte spostamento d'aria causato da tali esplosioni e anche ai terribili funghi atomici. Ma, come ho letto dopo essere venuto a conoscenza del testo esatto del Terzo Segreto di Fatima, i sovietici avevano immaginato di usare le bombe termonucleari per provocare degli enormi tsunami di portata continentale in modo da aumentare i danni provocati dalle bombe termonucleari (i sovietici pensavano che tale modalità di uso poteva essere usata solo molto limitatamente contro l'Unione Sovietica per la conformazione del suo territorio, mentre sarebbe stata devastante contro gli Stati Uniti d'America)[43]; ovviamente i russi attuali (in quanto eredi diretti dei sovietici) dovrebbero avere piani simili[44], e anche le altre potenze nucleari dovrebbero avere conoscenze simili o potrebbero impararle durante la stessa Terza Guerra Mondiale: questo corrisponde al testo del vero Terzo Segreto di Fatima, che parla prima di fumo e fuoco (probabilmente le

---

[43] Cfr. SIVKOV.
[44] Cfr. SNYDER.

esplosioni termonucleari) e poi dell'effetto di tali esplosioni sull'acqua, la quale causerà morte e distruzione su larga scala. In conclusione, è molto impressionante la straordinaria accuratezza di tale profezia!

Anche qui possiamo pensare che tale Terzo Segreto di Fatima sia una profezia condizionata, anzi in questo caso, a differenza del caso delle visioni profetiche della Beata A. K. Emmerich, sappiamo che effettivamente il Terzo Segreto di Fatima è una profezia condizionata nel senso che si sarebbe verificato solo se non ci fosse stato un miglioramento consistente nella moralità dell'umanità, ma, d'altra parte, sappiamo anche che in realtà c'è stato invece un grande peggioramento nella moralità dell'umanità da quando è stato rivelato da Maria Vergine SS. il Terzo Segreto di Fatima, cioè dal 13 luglio 1917.

Quindi a meno di una conversione eccezionale dell'umanità verso una maggiore moralità intesa in senso cattolico ci si deve aspettare l'adempimento di tale Terzo Segreto di Fatima, anzi si deve dire che fino ad ora le cose sicuramente stanno andando verso l'adempimento di tale Terzo Segreto di Fatima, dal momento che fino ad ora non c'è stato il miglioramento morale richiesto dalla Madonna all'umanità (anzi c'è stato un grande peggioramento) per scongiurare l'adempimento di tale Terzo Segreto di Fatima.

CONCLUSIONE GENERALE:
IL VERO PAPA È ANCORA BENEDETTO XVI E
IL CARDINALE J. M. BERGOGLIO STA SPINGENDO TUTTI I CATTOLICI VERSO L'APOSTASIA!

Come abbiamo visto, indubbiamente Benedetto XVI è ancora il vero Papa perché mai si è dimesso. Di conseguenza il cosiddetto Papa Francesco è in realtà un semplice Cardinale.

Inoltre abbiamo visto che il Cardinale J. M. Bergoglio sta sostenendo la validità di tutte le eresie possibili, per cui è eretico, scomunicato e sacrilego. In particolare, il Cardinale J. M. Bergoglio, avvalendosi del fatto che a torto è ritenuto essere il vero Papa, sta spingendo tutti i cattolici verso l'apostasia.

Abbiamo anche visto che sia il vero Terzo Segreto di Fatima che le profezie della Beata A. K. Emmerich parlano di una grande apostasia che si sarebbe dovuta verificare ai nostri giorni.

Inoltre, sia il vero Terzo Segreto di Fatima che le profezie della Beata A. K. Emmerich parlano di una grande apostasia che sarebbe cominciata rispettivamente dalla sommità della Chiesa (Cattolica) e da un presunto Papa (che però non sarebbe il vero Papa e che coesisterebbe con il vero Papa, il quale vero Papa sarebbe passato da uno stato in cui sarebbe stato riconosciuto da tutti come il vero Papa a uno stato in cui nessuno o pochi lo riconoscerebbero come vero Papa).

Tutto questo ci porta a identificare, con ragionevole certezza, Benedetto XVI con il vero Papa coesistente con il falso Papa (che provocherà la grande apostasia) da identificarsi, sempre con ragionevole certezza, con il Cardinale J. M. Bergoglio, il quale, come abbiamo visto, punta dritto verso la grande apostasia cercando di far riconoscere a tutti i cattolici come valide tutte le eresie alla pari della Religione Cattolica.

D'altra parte, come abbiamo visto, non è valida l'obiezione che le profezie della Beata A. K. Emmerich e della Madonna a Fatima non hanno alcun vero valore poiché potrebbero essere tutte condizionate, in quanto anche in tal caso il non verificarsi di tali profezie dovrebbe essere legato alla condizione di un miglioramento della moralità delle persone tra il tempo in cui tali profezie sono state pronunciate e il tempo presente, mentre sappiamo che l'epoca attuale è incontrovertibilmente molto più depravata sia dell'epoca della Beata A. K. Emmerich che dell'epoca delle apparizioni di Fatima.

In conclusione, urge riconoscere e far riconoscere il più possibile che Benedetto XVI è ancora il vero Papa, e che Jorge Mario Bergoglio mai è stato Papa ed è ancora un semplice Cardinale, in modo che si possa impedire il più possibile, se non ostacolare del tutto, la grande apostasia che il Cardinale J. M. Bergoglio sta cercando di far avvenire. Inoltre, si deve pensare che è sempre in nostro potere l'operare una vera conversione verso la santità cattolica in modo da impedire il compiersi di tali profezie di sventura, ovviamente per quanto riguarda la parte non ancora adempiuta. Infatti, persino le profezie non condizionate sul futuro effettivamente libero dell'umanità sono sempre basate sul comportamento effettivamente libero degli esseri umani che quindi sarebbe potuto essere diverso da quello profetizzato, in quanto le profezie infallibili sulle future scelte effettivamente libere sono sempre come lo sguardo del futuro verso il passato, il quale sguardo, pur essendo infallibile, non toglie alcuna libertà al passato[45].

Infine, speriamo, ovviamente, che Benedetto XVI torni ad agire il più presto possibile da vero Papa (come è in realtà), e che

---

[45] Cfr. PACE pp. 335-344.

il Cardinale J. M. Bergoglio torni ad agire il più presto possibile da semplice Cardinale (come è in realtà) e soprattutto (che il Cardinale J. M. Bergoglio) rientri nell'ortodossia cattolica. In ogni caso anche l'ottenere una piccola riduzione della futura grande apostasia sarebbe un grande risultato per il quale vale la pena combattere fortemente, sia con le preghiere che con le opere.

BIBLIOGRAFIA

ADESSA F., *Il Terzo Segreto di Fatima – Una testimonianza*, in «Chiesa Viva» 462 (2013) 14-21 {visibile nel sito internet: <http://www.chiesaviva.com/462%20mensile.pdf>}.

ADESSA F., *Il Terzo Segreto di Fatima*, Editrice Civiltà, Brescia {visibile nel sito internet: <http://www.chiesaviva.com/terzo%20segreto.pdf>}.

ADESSA F., *Chi era realmente Don Luigi Villa?*, Editrice Civiltà, Brescia {visibile nel sito internet: <http://www.chiesaviva.com/chi%20era%20realmente%20don%20luigi%20villa/chi%20era%20realmente%20don%20luigi%20villa.pdf>}.

BENEDETTO XVI, *Omelia della Santa Messa per l'inizio del ministero petrino del vescovo di Roma (24/04/2005)*, nel sito internet: <https://w2.vatican.va/content/benedict-xvi/it/homilies/2005/documents/hf_ben-xvi_hom_20050424_inizio-pontificato.html>.

BENEDETTO XVI, *Declaratio (11/02/2013)*, nel sito internet: <http://w2.vatican.va/content/benedict-xvi/la/speeches/2013/february/documents/hf_ben-xvi_spe_20130211_declaratio. html>. {traduzione italiana nel sito internet: <http://w2.vatican.va/content/benedict-xvi/it/speeches/2013/february/documents/hf_ben-xvi_spe_20130211_declaratio. html>}.

BENEDETTO XVI, *Saluto ai fedeli a Castel Gandolfo (28/02/2013)*, video nel sito internet: <https://www.youtube.com/watch?v=X7ny81Xi_8s>.

BENEDETTO XVI, *Ultime conversazioni*, Garzanti, Milano 2016.

CALVO P., *Intervista a Papa Francesco (del 07/07/2014)*, in «Viva» del 27/07/2014.

DICHIARAZIONE COMUNE (CONGIUNTA) DI PAPA FRANCESCO E DEL PATRIARCA KIRILL DI MOSCA E DI TUTTA LA RUSSIA (LA HABANA, 12 FEBBRAIO 2016), nel sito internet: <http://w2.vatican.va/content/francesco/it/speeches/2016/february/documents/papa-francesco_20160212_dichiarazione-comune-kirill.html#Dichiarazione_comune_>.

DICHIARAZIONE CONGIUNTA IN OCCASIONE DELLA COMMEMORAZIONE CONGIUNTA CATTOLICO-LUTERANA DELLA RIFORMA (LUND, 31 OTTOBRE 2016), nel sito internet: <http://w2.vatican.va/content/francesco/it/events/event.dir.html/content/vaticanevents/it/2016/10/31/dichiarazione-congiunta.html>.

EMMERICH A. K., *Visioni*, Edizioni Cantagalli, Siena 1995.

EMMERICH A. K., *Le profezie della Beata Anna Caterina Emmerich*, nel sito internet: <profezie3m.altervista.org/ptm_profx_emmerich.htm>.

MANTERO P., *La Profezia di Fatima e la conversione della Russia*, Edizioni Segno, Udine 1992.

PACE C. M., *L'immutabilità e l'impassibilità di Dio e le loro conseguenze sulla prescienza divina e sulla libertà creata in San Tommaso d'Aquino e in William Lane Craig: Una nuova proposta teologica*, Youcanprint, Tricase (LE) 2016.

PAPA FRANCESCO, *Esortazione apostolica postsinodale: Amoris laetitia*, Edizioni San Paolo, Cinisello Balsamo (Milano) 2016.

PAPE R. A., *Bombing to Win: Air Power and Coercion in War*, Cornell University Press, New York 1996.

SCALFARI E., *Intervista a Papa Francesco (del 24/09/2013)*, in «La Repubblica» del 01/10/2013.

SIVKOV K., *Solo con le forze nucleari i BRICS sopravviveranno*, {traduzione dall'originale di A. Lattanzio per il sito Aurora}, nel sito internet: <https://aurorasito.wordpress.com/2015/05/05/solo-con-le-forze-nucleari-i-brics-sopravviveranno/>.

SNYDER M., *Russia's New 'Nuclear Torpedo' Can Create Giant Tsunamis And Wipe Out Entire Coastal Cities*, nel sito internet:
<http://theeconomiccollapseblog.com/archives/russias-new-nuclear-torpedo-can-create-giant-tsunamis-and-wipe-out-entire-coastal-cities>.

SOCCI A., *Il Quarto Segreto di Fatima*, Bur, Milano 2008.

SOCCI A., *Non è Francesco: La Chiesa nella grande tempesta*, Mondadori, Milano 2014.

TOSATTI M., *La Profezia di Fatima: Il quarto segreto e il futuro del mondo*, Piemme, Casale Monferrato (AL) 2007.

INDICE

Finito di stampare nel mese di Gennaio 2017
per conto di Youcanprint *Self-Publishing*